南怀瑾 讲述

太极拳与静坐

人民东方出版传媒
People's Oriental Publishing & Media

东方出版社
The Oriental Press

图书在版编目（CIP）数据

太极拳与静坐/南怀瑾 讲述.—北京：东方出版社，2020.3

ISBN 978-7-5207-0756-5

Ⅰ.①太… Ⅱ.①南… Ⅲ.①太极拳-基本知识②静功-基本知识

Ⅳ.①G852.11②R214

中国版本图书馆 CIP 数据核字（2019）第 003949 号

太极拳与静坐

南怀瑾 讲述

- -

责任编辑：王　艳

出　　版：东方出版社

发　　行：人民东方出版传媒有限公司

地　　址：北京市东城区朝阳门内大街 166 号

邮　　编：100010

印　　刷：北京文昌阁彩色印刷有限责任公司

版　　次：2020 年 4 月第 1 版

印　　次：2023 年 9 月第 6 次印刷

开　　本：787 毫米×1092 毫米　1/32

印　　张：3.625

字　　数：38 千字

书　　号：ISBN 978-7-5207-0756-5

定　　价：28.00 元

发行电话：(010)85924663　85924644　85924641

- -

版权所有，违者必究

如有印装质量问题，我社负责调换，请拨打电话：

(010)85924602　85924603

编者的话

　　南怀瑾先生是近年来享誉国内外，特别是华人读者中的文化大师、国学大家。先生出身于书香世家，自幼饱读诗书，遍览经史子集，为其终身学业打下坚实基础；而其一生从军、执教、经商、游历、考察、讲学的经历又是不可复制的特殊经验，使得先生对国学钻研精深，体认深刻。先生于中华传统文化之儒、道、佛皆有造诣，更兼通诸子百家、诗词曲赋、天文历法、医学养生，等等，对西方文化亦有深刻体认，在中西文化界均为人敬重，堪称"一代宗师"。书剑飘零大半生后，先生终于寻根溯源返归故里，建立学堂，亲自讲解传授，为弘扬、传承和复兴民族文化精华和人文精神不遗余力，其情可感，其心可佩。

一九六六年，南怀瑾先生在台湾应邀讲述"太极拳与道功"，以平实的语言讲述了自己习武、访道的经历，生动有趣，并对太极拳的源流及拳法、练习要点等做了深刻剖析，并告诫学生，"做任何学问都一样，无论是打坐、修道、学佛、参禅、做内功，先不必好高骛远，奢谈高深理论，成仙成佛都暂不必谈，但修养到在世无病无痛，死时干净利落，一不累己，二不累人，这已是不易，且慢奢望成仙作佛"。

一九八七年，南怀瑾先生在美国时，针对众多学生有关静坐的疑问，亲自示范

"如何静坐"，从一般问题、生理、心理、修行等方面进行一一解答，言浅意深，精辟到位，为学生提供了正确的观念，具有一定的指导意义。

《太极拳与静坐》一书，即为南先生"太极拳与道功"之演讲和"静坐"问题解答之整理记述。

我社与南怀瑾先生结缘于太湖大学堂。出于对中华优秀传统文化的共同认识和传扬中华文明的强烈社会责任感、紧迫感，承蒙南怀瑾先生及其后人的信任和厚爱，独家授权，我社遵南师遗愿，陆续推出南怀瑾先生作品的简体字版，其中既包括世有公论的著述，更有令人期待的新说。对已在大陆出版过的简体字版作品，我们亦进行了重新审阅和校订，以求还原作品原貌。作为一代国学宗师，南怀瑾先生"通古今之变，成一家之言"，毕生致力于民族振兴和改善社会人心。我社深感于南先生的大爱之心，谨遵学术文化"百花齐放，百家争鸣"之原则，牢记出版人的立场和使命，尽力将大师思想和著述如实呈现读者。其妙法得失，还望读者自己领会。

东方出版社
二〇二〇年二月

目　录

001

如何静坐问答录

附　录

出 版 说 明

偶翻旧文稿，看到南师怀瑾先生讲太极拳的这篇文章。当年虽曾看过，但现在再看才发现，这篇文章既高且深，可能是南师亲自撰写。中国的太极拳，早已风行全世界，近年来，国外更有医学报告，证明太极拳有缓解老年痴呆症的功效。

这篇讲记是在一九六六年，南师应邀于台湾"立法院"第二会议厅所讲，题目是"太极拳与道功"。难得的是，在讲演的过程中，南师将自己学拳、学功、学道、学仙的多种经历，说得清清楚楚。这都是中国传统文化道家学养的内涵。现正值复兴文化之际，特印行出版，作为读者的参考。

本集另一篇是一九八七年，南师在美国时，与学子们有关静坐的问答记录。当时大多是初学的人，所以问题各式各样十分有趣。但对学习静坐而言，不论是初学或已学，南师的回答，提供了正确的观念，虽云浅显，但却是重点。现将两篇合并出版，以飨读者。

又，当年邀请南师讲演的韩振声先生，为台湾太极拳协会会长，为人幽默风趣，常以老顽童自谑。后于一九七一年曾参加南师举办的禅七活动，现将他的报告附录于后，亦一巧缘也。

刘雨虹　记

二〇一四年二月　庙港

太极拳与道功

缘　起

太极拳协会会长、"立法委员"韩振声先生，曾经以"太极拳与道功"这个问题来问我，所以就我个人年轻时学拳的经验，提出来与他切磋研究，我们一致以为学太极拳到最后阶段，应该走入修道的途径较为圆满。由于那次相谈得很投契，后来又应他的邀请于一九六六年十一月十一日，假"立法院"第二会议室做了此次讲演。当天报纸刊出的新闻，误以我为国术家相称，实在不是事实，只是觉得国内的武术精神，与日俱衰，令人忧心，正如今日中国文化之亟亟待兴一样。而反观太极拳在欧美各国则日益流行，每回看到国外寄来的拳姿照片，却又不免有"橘逾淮而枳"的感慨。因而借此次讲演的机缘，贡献个人一得之见，以就教高明，并以阐述我中华文化中武艺精神内涵之一般。

一 习武经过

童 年

我自幼个性就好动，并嗜读武侠小说，刚到十二岁时即开始习练种种武艺。此前则因体弱多病而日与药物为伍，且目患近视，由于贪阅武侠小说，常私自躲在楼上书房按图瞎练，父母固不知情。因心慕飞檐走壁，自亦练学跳梁倒挂，有一天，不慎从梁上跌落到地，声震一室。家父听到巨大声响上楼察看，才知道我在偷偷习武，当时他老人家并没有对我责怪，反而聘延武师到家教我武艺，这时我才正式开始习武。

启 蒙

当时在家乡浙江乐清一带，盛行所谓的"硬拳"，与今日一般练拳情形相差不多。起初，随师习练时，固然不知道以我衰弱之躯而学此刚猛之拳是否适当，又不能分辨拳艺的优劣，每回于习拳之后有头脑昏昏之感，莫知其所以然。但以从小志慕侠客义行，所以也就勉强自己照练如仪。

访 师

其后负笈四方，人事接触渐广，以心

喜武术道功，乃不计耗资，不论宗派，凡遇有一技之长的人，或具神通，或有道，或有武功，即顶礼叩拜为师。因此到二十岁前，所拜的师父，各门各派，积加起来亦多达八十余人。所学范围包括南宗、北派，长拳、短打，乃至十八般武器，至少亦习弄过十四件左右。外加蒙古摔跤、西洋搏击等，真可谓："样样统摸，般般皆弄。"

比 赛

有一次，中央国术馆张之江先生，于杭州国术馆主办全省性国术比赛，我亦参与其盛，以姿势优异而获冠军。抗战前，各县市普设国术馆，都有专人负责，武风维扬，盛极一时。然我私自反省所习武艺实未精到，各路各派，亦不过略窥其门径而已，乃决心继续寻师访道，亲近高明。

二　访道经过

剑　仙

　　当时听到杭州城隍山上有一老道，传说是清王室公子出家者，这位老道须眉皓白，童颜鹤发，神采奕奕，据传已成剑仙；得此消息，心中万分兴奋，即行前往拜谒，数次都未得见面（想起当时访师求道之诚恳，见面即跪，而今日朋辈相访，谈玄说道等，甚或有人还以此过访谈道为对主人的一种施惠，算是看得起对方，今非昔比，想来颇多感慨）。听说这位道长当时逢人来求皆推称不会剑术，若欲习画，他则教人画梅。几番周折后，我终于见到了他，即向他再三恳求学剑，只学此项，不求其他。因为我意诚心坚，终于获得进一步约谈。

他见面一开头就问："曾习何剑?"我答："学过青萍、奇门等等。"于是道长即命我当场试练所习。我练了一阵以后，他批评说："这真的只是儿戏，不可再练，徒费光阴，还是以读书为好。"又接着说："你所听说一些小说书上说的白光一道，口吐飞剑，这类的话，在世界上并无其事。剑仙虽有，但并非小说上所描述的那样，今天你暂且试练一下，每天晚上把门窗紧闭，房间内不点灯，使内室漆黑，仅点香一支，尝试用剑劈开香头，手腕着力，而臂膀不动，等练到一剑迅下，香成

太极拳与道功

009

两半时，才进入第一阶段。第二步再把豆子掷向空中，用剑在空中劈豆子成两半，功夫能练到这里，再来见我，再为你解说剑路。"

当时听了以后，心想这实在太难了，虽然心知天下无难事，这样练剑，也不是不可为，但因当时立志学文兼学武，俾能经世济时，而诸事分心，惟恐心不专一则反而一事无成。鱼与熊掌，不可得兼，遂作罢。放弃做剑仙，然而对于学拳仍旧勤劳，每日凌晨三时，必起床练拳，两三小时后，再沐浴更衣。当年杭州西湖一带武师甚多，我亦朝夕浸润其间，跃马佩剑，臂缚铁环，腿绑铁砖，也相近于那时的"太保学生"了（一笑）。以后访遇僧道甚多，皆各有专长，然所说与城隍山老道大抵相同。总之，我在那段学拳时期，练习武功，可以说从来没有间断过一天。

入 川

　　抗战前二三月，我即只身入川，其后一些朋友也随政府辗转来到了四川陪都，相遇时都说我有先见之明，固不知道我想到峨眉学剑的心愿。记得那时一路访道，到汉口时，曾遇到两位异人，一道一俗，道者红光满面，俗者跛其一足，手中均捻弄铁弹，笑容蔼然。我竟不觉尾随其后，自黄鹤楼前绕到后山，他两人一直走也不稍回头。翻山越岭，直到下坡时，才回头问我："奇怪！年轻人你跟我们到这里干什么？"我本想把访师求道的心意告诉他，忽然感觉到天下骗子甚多，倘若在湖北只身遇骗，那就麻烦了，于是说是游山。他们又问我将往何处去，我说打算到四川，道人仔细看了我一回，然后说："好的！你应该入川，我们后会有期，但是今天你不要再跟着我们了。"他并留了以后见面的地址给我，就此分别。至今回忆起来，该二人神态举止都很奇异，令人回味无穷。后入川，遍访青城、峨眉仙佛观寺，一路亦未中断。

遇 异

四川名胜鹄鸣山，为东汉期间道教祖师张道陵隐居之地，山上住有一位名号王青风的道士，是四川境内传说的剑仙，我曾经上山寻访他，多次以后，终于见到面，他亦是一位奇人异士。他说：并无飞剑这种事，但剑仙却是有的。然而他的说法又与杭州城隍山老道所说稍有不同。他说剑为一种"气功"，所谓以神御气，以气御剑，百步之外可以御敌。又说剑有五类，大区别为有形、无形。他知道我羡慕

"金光一道"的剑术时，告诉我需铸备一寸三分长金质小剑，再以道家方法习练。一如道家炼丹之法，可将黄金炼化成液体，并可服饮，若中了毒，道家并有解此毒的药。当时私自想到，现在到了科学昌明，枪炮及炸弹等威力无比的利器时代，还去苦练这种剑术干什么？如果是为了强身，则个人已经知道的许多方法，就足以保健，何必浪费时间在这方面。就因这样想法，意志始终未能专精坚持而放弃了。

后来请王青风老师表演，那时我们彼此之间的感情已经很深厚，所以他就特允了我的请求。一次他站在山头上，用手一指，数丈外对面山峰上的一棵老松即应手而倒。我童心未泯，尚惊讶地问他何以无光。他说："我早已经告诉过你并无此事，欲练至有光，另有一番道理。"

这时他的大弟子亦在旁边，这个人也

是道士装束，我亦请他表演，但见他用鼻孔吼气，便看到他站立之处，周遭山土转即成尘飞扬。这两次表演都是我亲眼目睹的事实，由此而相信中国武术，的确可练至甚高甚妙境界。此其一。

第二位所遇到的异人，在四川自流井，是由"厚黑学"闻名之李宗吾先生所引介。李公学问、见识广博，道德亦高，世所罕见，其所著的《厚黑学》，如其所说："拨开黑的，让人见到真正的。"旨在讽世。我在自流井遇到他的时候，就说在附近赵家仑乡下，有一位八十多岁的老先生，是得到武当内家武功的真传，轻功已经到了"踏雪无痕"的境界，如果随他学习，只需三年的时间便可有成就。因为这位老人的师父籍贯浙江，所以亦欲授一浙籍弟子以报师恩。知道我是浙江人，故愿为引介。

于是我们坐"滑竿"下乡去拜访，相谈之下，连称"有缘"。老人见我对于飞檐走壁之事，心存怀疑，不大相信，他洒然一笑之后，即疾行一里多路，又快步走回来。这时刚好新雨初晴，地上泥泞，老人脚上穿的一双白底新靴，一趟回来后，鞋底一点也没有被泥染污，而且他在起步时，未见拿架作势，洒然来去自如。他又问："欲见走壁的身手否？"随即见他张臂贴壁，亦未有任何架势，人已离地拔高，笑说："你现在相信吧！亦愿学否？"并称说学这些功夫只有七十二诀，归纳成七十二字，一字一诀，一字一姿势，循序渐进，无需广场，仅楼阁之上，即敷应用，若愿住三年，即可示教。我当时考虑再三，复因恐怕自己志趣不专，弄得百事无成，故只得婉辞。后来一路代觅可传的人，却没有找到，至今心中仍挂念遗憾。

弃拳学禅

后来到了成都，遇到一位河南籍拳师，教我"十三大法"，就是太极拳衍变的十三架式，不刚不柔，然而每一个动作，招招可以致人死命。顿时感觉到倘使学这套拳的人没有道德修养，动辄要人性命，如何了得！所以从此弃拳不学，专志学禅，在峨眉闭关三年，一直与拳绝缘。

太极拳种式颇多，陈家太极以及杨家太极都曾习练，到现在还能勉强记忆的是杨家拳之姿势，若演练全套，则因荒疏已久，颇有勉强之感。我对拳术，一搁就是二三十年，既不练习又不与人较量，可说一生从来未曾施用过，且越到后来越怕动手，愈厌习武。战国法家韩非子之名言："儒以文乱法，侠以武犯禁。"文人自古相轻，武人从来不服输。好勇斗狠，粗暴骄勇，有时令人难忍，因此以后与习武朋友也就渐渐地疏远了。

武功的根源，首当追溯我国五千年前深远博大的文化。古人造字，止戈为武，即已阐明武的原理。武功的目的是以武制乱，以求"和平"。后世学武，反而更滋生事端，学文亦是如此，这也是使我弃武学禅之主要动机。以上是我学武的经过，同时亦足以证明我并非所谓的国术家。

三　漫谈练气与武功

各报章杂志近年以来，刊载了不少研讨太极拳等武功的文章，而其说法也颇不一样。有的说少林拳系达摩祖师所传，太极拳为张三丰祖师所创。如果就武功的一般学理上去加以研究，在这方面的是非，并无多大价值，不必多加争论。事实上中国的武功，溯其渊源，早自先民之初，人类原始生活中，即已粗具模式。所谓人与天争，人与兽争，人与人及人与环境相互争斗的生活演变中，就是武功产生之源。

渊源流变

春秋战国时，中国武功已经很盛，如前所述武功的进展，跟时代、经济、文化等等时空背景有极密切的关联。春秋时代，各国相互征伐，战争用车用马，崇尚车战、马战，而步战却很少。汉以后车战已然绝迹，只盛行马战。再往后，武功才真正发展到由人手拿大刀、长枪作战。原始作战，取材简易，故兵器中，棍称"百兵之王"。以后在前端套一利器，演变成长枪、大刀等等。因之又转以枪为"百兵之王"，而称剑为"百兵之贼"。因为用剑对敌全赖巧劲，亦近于取巧。从人类文化在这方面的演变，就可看到武功进展的轨迹了。

迨至两汉以后，兵器已由棍棒发展到长枪、大刀，此亦时代之趋势使然。而作战时采用短兵相接，乃唐宋以后之事。较早在南北朝梁武帝时，达摩祖师自印度来到中国，息隐专修于少林寺，直传心法，尊为禅宗之初祖。而他在当时曾否谈及武功方面的事，现在已然无法考据。凡找不到证据的，难免有被后世的人假托附会的嫌疑。佛教早盛于印度，然在印度先于佛教的宗教还有婆罗门教；打坐行功方面，则有瑜伽，讲究练气修脉。印度之原始文化与中国道家修炼上更有异曲同工之妙，而达摩祖师来自印度，当亦可能精于这类武术。

至于瑜伽之练气练脉，动作极为简易，只有几个基本扼要的动作，明白了以后即会做，但是易学而难精。如果与中国道家的功夫比较，道家的功夫演而化之，仅呼吸一法，即可分三百九十多种，瑜伽则可分类成数十种。一般人认为达摩祖师来到中国后，冶瑜伽、道家于一炉，融会贯通而传下少林武术。如传说中或许可能有此一举，但这只是强健养生之道，并未涉及禅的内容。而纵观少林一门诸多武术的创始来源，有的类同中国古代失意的士人，遁世出家，或入于佛，或入于道。有的是触犯法令的人，出家之后，政府则不加深究，可获逭责。总之，出家人中，鱼龙混杂，良莠不齐，有江洋大盗，亦有百战将军，纷纷退隐佛寺道观之中，闲来无事，舒展拳脚，授徒开班，于是逐渐形成少林门风，亦并非不可能，故不必视后来少林的诸般拳术，尽是创自达摩祖师一人。

内 家

　　如一般所谓的"内功拳"，历来的说法亦是传自少林。我国武术的内外之别，武术上有两句成语。所谓"内练一口气，外练筋骨皮"，可说是言简意赅的说明，如南宗的白鹤拳，即是内家（内功拳）的一例。这是武当拳术，根据少林的演变，而衍成南宗诸拳，南宗即"内练一口气"，亦即练气，动作不能粗猛，这也是渐渐演变而来，不是一开始就成型的。

鼻祖何人

　　张三丰这个人，史上记载未详，且有矛盾，究竟有无其人？近世考据学家，颇为怀疑，但据我的研究应该是确有其人，且为道家。因为历代作史书的人，多为儒家，儒家的习性往往排斥释道两家人物，尤其在武术上有成就的人。或许因此在历史上就起了争论，也未可知。然而张三丰究竟是不是太极拳的创作者，则不必多言，试观历代道家有一种倾向，如老子所说："功成、名遂、身退，天之道。"从不爱为人知，不喜出名。不像西洋人，一有所得，即急于发表而公诸社会，或造福大众，或为利己。中国人的习性则相反，学养愈深，武功愈高，即隐姓埋名，隐迹山林，不愿为人所知。这种对于"名"或"利"的不同观念，正可诠释中西文化的根本差别，在中国文化中以道家最为明显。明白了这个关键，也就可了解无由考证太极拳是否张三丰所授、少林拳是否为达摩祖师所传的道理。另者，明朝永乐以后，少林寺成为一大丛林，张三丰则为明代道教新兴革命的一派，当时天下的各路流派，都归向他，拳术内功，有一得之长的，咸归功于张三丰，就像今日的种种创见，皆引证蒋介石言论，天下之名也都归之于蒋介石相似。所以如今欲寻流穷源，追究根由，恐亦难获结论，徒耗精力而已。

长 拳

少林与武当两派有什么不同呢？最基本上是因南北地理环境迥异及生活方式不同而来。北方多陆地，北人善骑马步行；南方多河川，南人好驾舟游泳，由于人文、地理环境的差别，于是影响武术的形态也有所不同。以我个人所知的经验，少林多大架势，长拳远打，大开大合，正如北方的文化特质一样。北方黄土平原，地多泥沙，我曾经见过北方有一种练腿术，一步一跨，大步踢腿，练功夫走路，都要踢脚而行。原是因为争斗一旦落败时，必夺路而走，此时把泥沙踢起则烟尘滚滚，犹如现代战争中的放烟幕弹一样。

短 打

而南方拳也因地理环境不同，多在船上施展，所以注重于短打。好像在广东，就流行一种"船夫拳"，实际即是少林五种拳中之龙形拳的综合。练时两腿下蹲，死死板板。盖在明朝时代，倭寇骚扰我国海疆，我国训练船卒，以御倭寇（北拳则为在陆地上使用的武术，陆地平稳，但波船动荡，不宜使用），得先拿稳身桩，才免受海浪摆动颠簸。所以就另创招式，如此渐渐形成闽粤间短打之风尚。天下万事，其最早的源头都非常相近，而流行到后来，则因地域及时代有所不同而因应演变成不同形态。因之武术修炼实不必有什么门户之见，倘使徒作门户优劣意气之争，那实在是可悲又复可怜的事。

因 人

　　武术的发展，除了时间、空间的影响外，个人体形、禀赋，更是重大因素。太极拳之所以能够盛行，为一般大众接受，无外男女老幼欲求健康长寿之道，都可借此活动筋骨。亦因这个原因，男女老幼都练，于是拳势越来越柔化。时至今日，青年人打拳，姑且说句笑话，可以说是在跳中国之芭蕾，甚至真的有配以音乐节拍来练的人，足见时代在变，文化也在随时变易中。

《易经》与太极拳

一般文人学士，因为体弱多病，而去练太极拳以强身，本来是很好很适当的事，奈何文人好事，又创立太极拳是来自《易经》的说法，牵扯到阴阳八卦上面去。太极拳到底与《易经》之配合如何？大家可任意去信从，但无多大实质的关系，如欲以手形分成阴阳，配合两仪，即以手背为阳，手心为阴等等，似嫌理论空洞。"太极"的名称，并未见载于《易经》本文，而这名称的出现，至少也是宋朝以后的事，因为"易经太极"之说，是宋朝理学家所倡，唐以前没有。而太极一名，最早为道家人士所提出，宋理学家便假借太极，作他们学说的根本依据，进而以阴阳、八卦阐扬他们的学说。故"太极拳"的名称，也应该是宋朝以后之事，这是不会有错误的。倘说张三丰创造了太极拳，并无不可，但将那些《易经》理论上之事，加之于太极拳则不免多余。《易》原为群经之首，放诸四海皆准，而弥纶天地之道，博大精深，永无止境。但若牵强，将精力虚掷在研究其与拳术的关系上，似有偏离武功实际之嫌。

高矮桩

太极拳尚有高桩矮桩之别，但练拳目的若在强身，则高、矮不必在意。反正筋骨做活动，终强过不动，高矮任各人自便，不必强争何者为优为劣。若执着高桩神，或矮桩妙，方可以长生不老，则古往练太极拳的人不知凡几，到如今都已一抔黄土，还有什么高桩、矮桩之争呢？

由浅入深

总之，做任何学问都一样，无论是打坐、修道、学佛、参禅、做内功，先不必好高骛远，奢谈高深理论，成仙成佛都暂不必谈，但修养到在世无病无痛，死时干净利落，一不累己，二不累人，这已是不易，且慢奢望成仙作佛。学太极拳亦然，应该有这样的观念，实事求是，从基本上做起。

时 地

关于"道功"方面的事，很多人一清早就起床练太极拳，这在台湾也许是一件危险的事，我们知道中年以上之人，在台湾有四种难治之症：高血压、心脏病、哮喘症、关节炎。这四种病，在台很难根治，如果去易地疗养，如至美、日、韩，气候不同或可能有帮助。在台何以难治呢？试以拭擦铜器为例，在大陆拭擦一次，光亮耀眼，可维持两个月不变黯，然在台湾则拭擦的隔天，即开始黯淡。又曾经以洗油管的方法，问一汽车驾驶员，在台湾与在大陆有何不同。他说大不相同，在大陆用水一冲即可，在台则需钢刷刮洗，再三清除始可，他亦不明所以。实则，台湾宝岛，一如大海中一叶扁舟，空气内含海水蒸发的水汽，一如澡堂中弥漫水汽，湿度大而又多盐分。试想：处在这样的水汽中，早起练拳，练深呼吸，怎么会更好呢？怎么可以呢？在高山上海拔高处还可以，在平地沿海的地区行之，未必能健康延年，反而容易致病，真有未蒙其利，先受其害之感。这是我个人之看法，以及经过种种实验研究后的结论。

台湾的气候，因为经纬度不同，所受太阳之放射强弱亦与大陆两样，因此在台湾习拳，就不需要太早起，深呼吸也不必太猛烈，除非气功真练到家，可以不在乎这些（因练好气功的人，在呼吸时，全身毛孔能配合适应）。否则，用一般老方法在台湾做深呼吸，应该加以修正才好。这是我四十年观察实验所得，大致或许不差，尤其在台有习拳，或打坐，或练内功，或练气功，或练太极拳，久了而得病的人，更要特别注意这点。

练 气

　　其次，练太极拳有方法问题，也是一项事实，无论学道家或佛家打坐，曾经打坐过的人，就可体会到身体内有气机。道家的理论，说人身为一小天地，这不是虚言，这就涉及"练气"。无论是印度之瑜伽，中国之道家气功，皆以鼻练气。世上最好之药物，就是自己做气功，而且鼻器官为自己所有，空气也不必花钱去买。可惜的是，在千人之中有九百九十九人，对于练气之功，不肯持之以恒去学，到了年迈力衰，百病丛生，也就真使人爱莫能助了。

任运自然

如果持之以恒，气功练久了，就可知道使人健康长寿的，并不是对外界呼吸空气的功效，乃是因此促动自身生命本能的动力，这好像是可燃之物不能自燃，还需要假借引火的东西或方法去点燃它，我们练气功做呼吸亦是此理。中国道家所说的"气"，一如今日科学所说的"能"，不是较低层次的"电"。以气功的方法做练习，久而久之就自己会感受到气机的发动，而且亦有一定之轨道可循。大家常常谈论关于打通任督二脉的事，有的或者是受了一些小说渲染的影响，也跟着去做。其实任督脉不可用意去打通，应该在静坐时，万缘放下，将个人心中种种思想观念越摆得开，越能通之于自然，这是所谓气功修炼的基本要点。

一般静坐打拳的人，多用观念去通，结果是欲速而不达。有一个很好的譬喻，以车轮的转动来比喻气机的转动，如果把一个车轮离地架空起来，放松刹车，这时车轮不着于地，也不着于他物，只需轻轻一拨，即能灵活运转，轻快无滞。倘使内用刹车掣住，外有砖物挡住，欲其转动则非常之难。我们身体内的气机时时都在运行，人只要还有一口气在，尚未死亡之前，就本其轨道在运转。可惜的是，大家因忙于外物的纷繁，不能精思反察于内，悟到这个原理。试看一个人于疲惫时，渴望歇息，一经休息，气机即借此循轨道而运行，疲劳尽去，精力恢复。打坐亦可看作在半睡眠状态，在不醒不寐中，至少可了解到，这种状况能减少生命力的耗损，而延长使用生命力的期限，也就是得到延年益寿的效果。但这并不是得之于外来的增添，而是本身内在原有的力量，获得引力而生发，循其轨道，行健自强不息之故。所以任督二脉的气机，务使通畅无滞为第一要点。

一般都知道任督二脉须打通，何以又不易打通呢？原因有多种，但大多数是因在打拳打坐时，脑海中存一欲打通任督二脉的念头。此一念头，就无异于掣动身内气机的刹车，使气机停滞于内，或又因外缘的纷扰，使停滞于外。既住于内，又住于外，必致其阻碍涩滞，故亦有打拳、打坐、练气功，致红光满面者。大家要特别注意，这种红光满面并不是好现象，很可能是气血上滞，易致脑充血而致命，更莫错以为这是无疾而终，而外行人误会称誉之为"有道之士"。其实真正气机通了，并非红光满面，中国人是黄皮肤，应是黄光满面才对。但非黄疸病之黄，这也要分别清楚。

风摆梅花

前面说过，拳术有高桩、矮桩之别，其实先不必泥执高桩或矮桩，功夫到时自然都会。目前有很多老年人以练拳作为促进健康的休闲活动，现在贡献大家太极拳之一项基本动作，亦就是内功的"摇"。

什么是摇？即人站直，两足并紧，全身没有任何一处着力，四肢百骸都放松随之轻摇，身如老树迎风，就是台风来也不着意，随之而摇，身体逆动，这叫作"风摆梅花"，名字极富诗意。摇之久，可将身内气机摇通，老年人练它，功效不减于太极拳，更可能比太极拳还要"太极"。

因人施法

仅以练气为例，同样是以鼻孔呼吸，但仔细分析下来，其方法有三百九十几种之多，印度的瑜伽练气有多种方法，究竟是用鼻或用口、吸时是否缩小腹等等，当因人而异。所有方法可以说都对，只是学的人各有禀赋，而应该重择慎用，像年轻健全的人与体衰病弱的人，其锻炼的方法固应不同，如果用错了，反而会缩短寿命。

这是应当深切了解及遵守的，学佛或学道，都应一律视为禁戒。如道家有的讲究守窍功夫，所谓上丹田、中丹田、下丹田，就宜依各人自己体质而行，不可盲练。假使高血压者去守上丹田，或守两眉间的一窍，那么就将促其早日"归天"。又妇女如果守下丹田，久之则易酿成血崩等病害。故所有法门皆应因人施设，不可一概而论，这是基本原则！

气机行道

其次，我们人类的躯体，大约可以在概念上分为上下两截的结构，横膈膜位于中间，为上下的分隔。道家画神仙，往往身背葫芦，象征人体有上下两部。譬喻人身的气机分为上下两截，道家称阴阳。印度瑜珈又有上行炁、下行炁、中行炁、左行炁、右行炁等五种行炁。以中国阴阳学说看来，则相当于五行，又分前朱雀、后玄武、左青龙、右白虎、中央螣蛇勾陈，种种玄论，无非引证人体气机之流行有五个道路。

死理学

说了半天，或有人问："气机究竟为何物？人身上究竟有无气机？"有些精通西方现代医学的医生朋友曾来研究，现代西方医学不信佛道丹田之说，他们依据西方解剖学上的知识，并未在人体解剖上见到丹田这一物质器官，因而否认有丹田的存在。西方科学实证方法自有其求真求实的独到之处，但科学随时在进步，也随时在推翻以前的结论，我们亦不可随便认定他们实验的结论都是对的。现在的中国人有一种时髦病，就是"科学迷信"，或可称作"迷信科学"，这种迷信有时比任何事物都难破除。我们应该知道，西方科学的解剖，是以死人为施行手术的对象，而"丹田"这个东西，要在人的生命活着时，才会有气机作用，人一旦死亡，生命功能停止，即失去此作用。所以他们所谓之生理学，客观看来，实在只能称为"死"理学而已。但许多人心甘情愿，宁可相信科学唯物的暂时推论，而不相信有功能可见的丹田，岂不是迷信科学吗！

活解求穴

况且中国在古代已有解剖，而且是解剖活人。有史迹可考的汉王莽，就曾集全国太医、尚方以及巧屠，共同活解死囚，在当时已能探知人身三百多穴道。人体三百六十余穴中，仅有一二十个穴道尚未能确定，因为当时这些医师，对于这种惨状，目不忍睹而未竟功。后来到元初，宰相耶律楚材是个博通道家、佛家以及天文、地理等多种学问的人，他曾经在战场上将垂死的人作气脉的研究，而将三百六十四穴全部确定，乃依据所得的结果铸成穴道铜人二座，将穴道表现在铜人身上，详细备至。该二铜人经历明清二代传至民国时，仅余一个，我曾在自流井看到过，东瀛日本曾有相当研究，近年台湾也已有仿制。

气机天然

人身气机，乃自然之流通，一如地下水亦有必然之水路，每一水路各自形成一轨道。试将一杯水，倾倒在桌面，即可见到这水向四下散流，而水的流向自会循一定的路线。人身内的气路亦是一样的，各有轨道，各有自己的路线，我们不必用自己意念去另辟道路。中国医经中曾讲到过十四经脉，习静坐而坐久后有所成的人，自能体会得到，果真经脉已通之人，不必使用意念去驾驭，他的气机会自然流行，于十四经脉自行流注。有时在不知不觉间，气机自己起了动静功能，不是我们所能控制的。在气机的动象中，发现太极拳的原理，太极拳动的原理，就是自身中十四经脉气机动的原理，且循其轨道运行。故太极拳亦可视为"练气"之功，久之可以练至"胎息"的境界。而普通人身体上下为两截，相隔不通，呼吸仅及胸腔，久练太极拳，呼吸渐渐可达丹田。

生命力之衰

中国道家、印度瑜伽，或密宗的理论，都会谈到人类关于"死"的问题。无论男女，每个人的死亡，都是自脚部开始的。道家深明此理，故训练"息息归踵"，所谓"真人之息以踵"，一般解释"踵"为足心的"涌泉穴"。试观婴儿躺在床上自玩，经常是活动他的双脚，而双手反而很少活动。后来渐渐长大，仍然爱跑、爱跳，双脚好动，中年后一变，却爱坐喜静，反而讨厌年少好动的人。殊不知人到中年，活力已消减，下身等于半死状态了，所以倦于活动。再看老年人，坐时更喜将两腿跷起高放在桌上，才觉舒服，这表明下部生命力已大衰，两脚易冷，老态呈现出来了。若老年人能脚底发烫，脚下有力，则是长寿的征兆。又看胎儿的呼吸用脐，丹田在动，婴儿呼吸虽用口鼻，而丹田仍自然在动。到了中年老年，丹田的动无力而静止，改变位置，上缩至腹至胸，再至喉至鼻，最后一口气不续，呜呼哀哉……就此报销。可见生命力之衰亡，是由下而渐往上，逐步衰竭。我们做气机功夫或练太极拳功夫，要"气沉丹田"，使气机畅运无滞为要，这是健康之道。然而应该用何法下手，则须看各人的资质而定，不能一概而论。

四 太极拳法要简介

姿势务准

现在再转入本题——"太极拳与道功"。但须再声明我不是国术家，对拳脚一项，已根本搁弃，日常亦惟静养打坐而已。现在仅就往昔所得的体验，作一概述。练太极拳，姿势很重要，若姿势不准，则效果不显著，对强身如此，对防身亦然。但倘使外家拳姿势练得好，学少林拳亦一定准，若从二十岁左右开始练拳，则对"高桩""矮桩"不必太专，越专越吃力，受不了如许苦楚。

回忆当年练拳时，对于每一个姿势，一摆即半小时至两小时，且用一面大镜，照着矫正身形，身形正确后，再配合气机来练。太极拳有杨家、陈家、吴家等，达七八家之多，无论练哪一家的拳法，姿势务求正确，太极道理，浑身各部都在画一个圆圈。譬如一个姿势出手，自足跟沿膝盖，达肩膀到手腕直至指端，每一关节都在活动，轻微地画圈，势正圈圆，配合人体生理方面的自然形态，自必事半功倍。

一般杨家太极拳流行最盛，因为当年在北京学习太极拳的人，多半是朝廷中的王公大臣，所谓士大夫阶级，自然这些人都已届中年以上，一如今日许多上了年纪的人，深觉体衰之可怕，为了强身健骨，增进健康而锻炼身体，就学太极拳，只是轻摸慢转活动筋骨而已。于是在练时，便随兴之所至，做得大致形似，即自以为可以了。后世不明白这种情形，对于姿势务求正确这一要项，反而都忽略掉了。

五 空

其次，学太极要五空，第一要心空，思想要空。初练时固然必须费神记忆，但练久后则熟能生巧，自然可以练来不假思索，如老子所说："人法地，地法天，天法道，道法自然。"心空自然，体内生理机能就自然发动。再要手空，两手心空松，太极拳出手姿势，无论阴手阳手，要像夹一个皮球在手中一样，手指亦须在动，两手必须要空。其次要脚空，两脚心要空松，南方拳如前所说，是为了方便在船上作战，不像在北方平原的马上功夫。

试把地球当作船，人在船上受摇动，必足跟与前掌之间拱起，足心空出，则足心的涌泉穴不受阻塞，气机自易流出。以上为五空的道理（两手两脚和心）。

复次，学太极拳最重要在"神"，即道家说的"精""气""神"，所谓"炼精化气，炼气化神，炼神还虚"，极为重要。一般练太极拳不得要领的人，多没有注意到"神"的重要。姿势准确后，双目应注视向手的前方，神就投射到了，无论为了强身或防卫退敌而练拳，如不炼好精、气、神，效果是不会显著的。太极拳每一神态都异常重要，姿势准确，气机配合，五空做到，精气神自然糅合，这样练去，必得益处。对于呼吸，任其自然，不必加以导引，导引则心不易空，且道家的真正导引，亦并非如此解说的。

气何所之

　　或问呼吸进入后，是否应注入丹田，或灌至某处。这一点在前面已经用车轮加刹车的譬喻说过，气机刹住，反而不能到达。现在再作一个有趣的譬喻：试想人体皮囊，就像一个气球，我们将空气灌入气囊后，要让他停住在囊中的某一点不动，试问：可以做得到吗？行得通吗？只要如以前所说的要点去练习，一切合度，那么气从鼻腔进入后，自然运行灌注全身，岂有停住丹田之理？且亦停留不住，所以不要妄立名辞，妄加解释。当年老师教导时只说出气可用口呼出，在呼出时嘴唇撮起，如吹箫的样子比较好；进气时闭口用鼻孔吸入，至于气至何处，可以不问，因会自然全身灌注。人身每一部分，每一细胞都需要气，没气就死亡。所以气无法停留丹田，而且所谓停在丹田间又有何好处呢？大家不妨再参参看！

人到了中年以上，即不再练少林拳，而转做达摩功，改修静坐，这亦是必然的事。至于内功，宜采用道家或佛家的方法，姑且不谈，反正都走静坐的大路，倘使到了四十岁以上，还踢踢蹦蹦，久了或者反而发生弊病。众生是可悲的，人类思想力最充沛的时候是在五十岁左右，这时也就是思想智慧达到最高峰的时节（体力充沛则在四十多岁）。可是一如苹果在树，刚一成熟，即刻自然落地，走向下坡路了。所以佛家看众生是可悲的，生命无常短暂。不分东方人或西方人，于内功、医药，用尽方法想把生命拉长，多活几年，到头来亦是枉然。永远长生不死，实不可能。但能活时健康快乐，临去时干净利落，已是了了人生一大快事。你说是吗？

关于中西拳术比较的问题，依据统计，西方运动家能活七十岁的，寥寥无几，他们到了六十多岁大都死去，足见激烈运动之不宜。而中国拳术家多半能享寿八九十岁。其中，亦还有更细微的进一步分别，比如学少林拳而能享年百岁者就很少，除非他在中年后改学静坐，而放弃拳术。另外有一种学太极拳者亦配合学习静坐。至于改练静坐功夫后，对于拳功是否会全废呢？

答案是"非但丝毫不会因此荒废，拳术反而因此更有进境"，所抛开的，只是技击之术。而身内气质之变化，使一身更加柔化，皮肤更加细嫩，病痛也逐渐消失，甚而身上多处像婴儿一般，一切自然而然。太极拳之原理，在杨家太极拳某著作中，曾引用老子的话："专气致柔，能婴儿乎？"近乎如此。所以练太极拳到后来的阶段，应该走上内功的路才好。等到进入内功的境界，再体验其姿势，自然准确，可以从心所欲不逾矩了。

处处太极

偶然看到时下一般年轻人练太极拳，对于掤、履、挤、按，任一动作，比如"掤"，看他们连"掤"的圆都未掤好，这是不对的。譬如这一姿势是太极，第二姿势进入时将手拉开，恰为一圆，既不扁亦不方，一路行去，要在在处处是圆，连绵不绝才是。

太极拳讲究"移步"，所谓举步轻如灵猫捕鼠，踏足重如泰山，阴阳虚实要分明，且步伐移时脚亦在动，而脚的姿势亦是太极，若欲配合《易经》之理，处处一太极，移形换步，都能自自然然地太极化了。

腰的运动

太极拳主要的重点，还有腰的运动，即注重身体下半截的生命力，道家讲任督两脉是人体的主要生命腺，尤以督脉为阳，自后脑脑下垂体区延伸，到下面颈项部位，开始分支散为二支经脉于脊椎两侧，至腰下尾闾又合而为一，至会阴复再分支，行于两足，下达足底。故练拳的人，久久练至两腿足筋越练越柔，则自然长寿。一般人年纪越老，因体内石灰质增加，胶质减少，经络萎缩，两腿愈来愈蜷缩，走路老态龙钟，连头颈都没有弹性，倦态毕露。

练拳的人，则锻炼筋骨，使之柔韧，隐伏有病痛的部位，亦可由麻木而渐知酸痛，而渐复正常。练拳打坐能知觉腰酸背痛，亦是好现象的开始，以后即恢复自然，萎缩的筋脉亦拉长，每拉长一分，即有年轻一岁左右之妙用，当然这是假说的数字。总之，这时的练拳静坐乃利用本身的潜在能量，使其发挥，而成为一种静定功夫充沛含藏之方法。

动中求静

太极拳系求静，非求动，更实际地说，是于动中求静。现在再作进一步说明，当人在静时，心内思想反而繁乱，此是大家所曾体认过的，一般人最怕寂寞，因为思想无所寄托，老年人最怕孤独，感到人生没有依恃的悲哀。但是对于学儒、学佛、学道的人而言，寂寞乃一种享受，故能甘于寂寞，乐于清静。这是对静坐已入高深境界的人而言，亦只有少数修养高深的人能达到的境界。

而生理的本能生命的力量，即在此清静寂寞中发动，老子说："万物芸芸，各复归其根，归根曰静，是谓复命。"这是一切静坐参禅的入静境界。然此静的境界，得来不易。武术是人体在运动，不过虽是外动而内心反易得静，以此求静境，也同样得到殊途同归的妙用，利用这个动静相应的道理而发明了武术。当人身体在劳动时，思绪反而不会紊乱，亦即有所寄托，若身体不活动，无所事事，呆然不动，则反比死还难受，要不胡思妄想，亦不可得，孔子有书："小人闲居为不善。"足见人心理生理之本能，自然有其相互关联互动影响的作用。

太极拳之原理也是如此，打太极拳是在动，由动中的体力劳动，进而渐渐达到内心清净的境界。所以我经常以孟子的话来譬喻拳术的道理。孟子说："天将降大任于是人也，必先苦其心志，劳其筋骨，饿其体肤，空乏其身……"学拳的人，无论南宗北派，都在劳其筋骨；静坐、练功的人，亦是苦其心志；那些做英雄事业之人，则是空乏其身：三者殊途而同归。现在我们倘若能从劳其筋骨入门，自然也就可心志清净，近乎道矣！

　　总之，太极拳是"动中求静"，由静而达到静坐、内功所证到之境界，动静互相配合，则于身心的健康大有裨益，这是必然而无可否认的。

如何静坐问答录

一 一般问题

1. 没有师父指导，可不可以自己修学静坐？会不会走火入魔？

答：可以啊，没有什么不可以。现代人最流行讲走火入魔，其实没有什么火，也没有什么魔。只是对静坐的理论和方法搞不清楚，再加上下意识里有些神秘观念，引发精神、思想不纯净，自己造成幻境，这便叫走火入魔。像宋明理学家们大都讲究静坐，没有走火入魔过。因为他们静坐的要旨重在养心，讲究的是思想纯净，所以没有什么走火入魔这些鬼话。

2. 是不是在佛堂才能静坐？静坐是否一定要烧香、穿法衣再入座？

答：不一定，随便哪里都可以坐，无处不可坐。信仰佛教的人才要在佛堂、禅堂静坐。不是信仰佛教的人，哪里都可以坐，什么衣服都可以，什么形式都可以，静坐是共法，是佛法和一切其他宗教外道的共法。

3. 有家庭儿女、为生活奔波忙碌的人可不可以静坐？

答：当然可以啊。静坐是最好的休息。

4. 生理上天生有病或肢体残障可不可以学静坐？姿势不能完全达到标准有没有问题？

答：静坐主要的目的在心静，并不一

定在乎姿势。心静了就是静坐，所以当然可以。

5. 静坐可不可以使身体恢复健康？

答：可以。

6. 过度疲劳、爱困的时候可不可以静坐？

答：疲倦想睡的时候静坐是休息。假使要做功夫的话，最好是精神好的时候，睡醒以后再静坐。

7. 静坐是不是一定要吃素？在家人吃荤可不可以静坐？

答：都可以。

8. 什么时候静坐最好？是否需要在固定的时间静坐？

答：什么时间都可以。道家喜欢子午卯酉，那是配合阴阳家（不是《易经》）的物理自然法则，注重时辰静坐，是做道家炼丹功夫用的，平常没有时间的限制。

9. 感冒生病时可不可以静坐？

答：当然可以。感冒生病时，能静坐反而会好得快些。

10. 很嘈杂的工作环境可不可以静坐？

答：可以"静"，不一定要静坐，在嘈杂的环境里摆出静坐盘腿的姿势，人家看你是怪相。其实心静在哪里都可以。

11. 有便秘、痔疮或者驼背的人可不可以静坐？

答：可以。心静对一切病都有利。

12. 怀孕的人可不可以静坐？

答：可以。可是没有练过盘腿的孕妇最好不要盘腿静坐。怀孕以前有盘腿习惯的人，当然可以盘腿，这都没有关系。

13. 有精神病的人（包括先天及后天受环境影响）可不可以静坐？静坐对他有没有帮助？

答：这个要看情形，也需要有人辅导。理论上静坐对精神病者绝对有好处，但是没有适当的人照顾辅导，有时候反而引起他更多的幻想，不太好。

14. 静坐的人可不可以常喝冰水？

答：看习惯而定。依照养生之道，最好是少喝为妙。

15. 静坐后可否立即洗澡？

答：这个没有问题。

16. 吃饱后可否立即静坐？

答：初学静坐的人，刚刚吃饱了不能静坐，因为肠胃正在忙着消化，不适合静坐。对静坐已经有心得的人来讲，吃饱了马上去静坐，一下子就消化了。初学的人最好吃饱以后，休息半个钟头到四十分钟再上座。至于肚子饿的时候可不可以静坐，初学的人最好是不要太饱也不要太饿。

17. 房事过后可不可以静坐？

答：可以。不过对初学的人来讲不太适合，最好是房事过后，休息好、精神足了再来静坐。

18. 静坐是不是有助于房事？

答：现在我们学的是静坐，不是学房事。如果把静坐积蓄起来的能量用来行房，拼命地动，同静坐的原则相反，损失更大。

19. 不洗脸、不漱口可以静坐吗？

答：静坐同这些琐事关系不大，暂不讨论，免得浪费时间。

20. 小孩子可不可以静坐？

答：也可以啊！静坐是养心，静下来就对了，如果是好奇，想求神通，那当然不好，就不要他静坐。

21. 应酬喝酒后可不可以静坐？

答：应酬喝酒醉了，你要他静坐，他也不干。要等他酒精消耗完了，消化好一点，安静一点的时候再静坐，静坐为的是养心。

22. 初学静坐有哪些正确的参考书？或读哪些佛家、道家的经典？

答：现在有关静坐的书很多，正确的有摩诃（大）止观、小止观，学佛的最好走这个路线，或者是《佛法要领》。学道家的最好看《性命圭旨》《悟真篇》，不过注解不要乱看，各家注的不同。其余的道书丹经很多，最好要审慎选择。

23. 静坐以后可不可以参加喜庆宴会等俗务应酬？或看无关修道的杂志文章和电视电影？

答：这些都没有关系，静坐并不妨碍普通生活。静坐以后去打滚都可以，你要跳舞也管不着。

24. 为什么要静坐？

答：这就要反问你自己了。

二 生理部分

1. 静坐时如何知道自己的姿势是否
正确？

答：这要凭个人自己的感觉。从外在
来讲，最好每个人对生理学、解剖学、医
学都有点了解，甚至看看医学上标准的人
体骨骼图片。内在方面，自己对不对要凭
感觉。假定一个人对自己身体感觉都不灵
敏，当然有问题。可是世界上对自己身体
内部感觉很灵敏的并不多。这要经过静坐

训练、有相当功夫的人，才会对自己内部身体感觉很清楚。这样可以养生、健康、长寿，所以关键还是看自己。

2. 静坐时身体会颤动、发冷、发热、发汗，这是什么原因？

答：假使是因为静坐的影响而有这种现象，这是病态的表现，因为身体内部本来有病，因静坐而引发宿疾，就使你感觉清楚了。如果病很轻微，因静坐发冷、发热、颤抖（动），身体就会自然好转。如果病比较严重，自己有医学知识的就晓得治疗，不然的话，要找医生研究。这是静坐的自然现象，不是静坐引起的毛病。这是好现象，自己就知道怎么样去保养治疗。

3. 静坐后体重增加或减轻怎么办？

答：不要太注意体重的变化。体重是受情绪、心理、生理、气候和饮食的影响，随时在变化。静坐不要注意这个，否则就是太注重身体，偏向唯物思想了。静坐是养心。

4. 静坐后精神奕奕，晚上睡不着怎么办？

答：静坐坐得好，本来可以断除睡眠。不要太重视这个问题。昼起夜眠和一天三餐一样，都是习惯所养成，不一定非要如此不可。学佛的人，视睡眠是魔障，是盖缠。如功夫到了不睡，一天当两天用，岂不更好。

5. 静坐中，有时不由自主地气动，身体摇摆不已，会跳动，或打神拳，该让它继续或停止？

答：那要看情形。人的两部分，一个是知觉（思想），一个是感觉。气动带来的现象属于感觉状态。身体里的气机发动，可以说是好现象，也可以说不是好现象。身体里哪里有障碍，气血流通时，它就自然反应发生这种现象。至于要让它发展或制止，就要靠智慧来判断了。有的人头脑很清醒、很正常，为了他的身体，可以让它继续，等于是最好的内在运动，使他身体恢复健康。如果是精神有问题，或是思想倾向神秘性的，最好立刻制止，不然演变下去变成乩童、跳神的人。如再加上神秘思想，就变成病态，不应该如此。任何一件事的好坏都看人的运用。

6. 为什么静坐后反而感觉腰酸、背痛、脚麻，觉得浑身是病，而且很容易受风感冒？

答：那是本来就有那么多病。和前面的问题一样，因静坐而反映出内在的病，并不是静坐导致你的病。腰酸背痛就是腰部有问题，如果自己不懂的话，赶快去看医生。

7. 静坐后会打嗝、放屁，是否有问题？在佛堂静坐时可不可以放屁？

答：静坐的时候最容易打嗝放屁，那是中宫的胃气要通了。普通人饮食过度，食道和胃肠都不大通的，多半有消化不良或者胃酸过多的问题。静坐坐得好，胃气通了，身体健康，上行是打嗝，下行到肠子，肠子不健康的话，有很多废气在里头，自然要放屁。道家有些观念，认为放屁是元气漏了，不管哪一种屁，拼命夹着肛门，不让屁漏出来，这是很危险的事。有些废气必须把它排泄掉，如果肠胃有问题，又忍屁不放，往往引起中毒的现象。可是对完全辟谷的人而言，不吃东西，肠胃清了，功夫到某一极点的时候，有一种屁是很难得的，不能放，放了会有漏精现象。究竟哪种屁是元气，哪种屁是精气，哪种屁是废气，要靠自己的智慧去体会，最好有废气就把它排掉。至于在佛堂里打嗝放屁，这是生理自然的现象，没有什么不敬的问题。所谓不恭敬，是故意造成的便不恭敬。如果是生理自然的反应，佛难道不慈悲吗？一个病人到佛堂，说这个病人很臭，应该赶出去，或者让他忍屁而死，那还叫作大慈大悲的佛吗？

8. 静坐后可不可以有性行为，是否必须戒绝房事？

答：这是个严重的问题。一般人学静坐有很多不同的目的，包括健康、长寿、修道、求神通、学佛、练功夫，不管是什么目的，基本上，静坐是要守戒的，不能漏精、射精，这是基本原理。但是有许多人学静坐就是为了性行为。尤其是男性，希望借着静坐把性工具练得坚强牢固，征服女性，以此为神通、快乐。如果是为了这种目的，则是自求早死，这是绝对不好的事。至于普通人静坐以后能不能有性行为，就看你自己静坐的目的是为什么。一般来讲，正常的性行为是可以的，不过要节制才是，不要随时随地去"做人"，太纵欲是有害的。

9. 静坐后，生理机能旺盛，性欲勃起，如何调伏？是否有彻底解决的办法？

答：这是最难的问题了，也是静坐第一关。大家学静坐，不管是为了健康长寿，或是修道、学佛，碰到这一关几乎都过不了，就自然会去做性行为。《楞严经》上也讲到这一关很重要。所谓性欲勃起，就是淫根勃起，佛经上把男女性器官叫作身根，也叫作外淫根。实际上真正的淫根不是这个工具，而是心念。最好的调伏方式就是把心念空了，如果能空掉心念，这个不是问题。普通人心念空不了，在工具上面想办法练气功、练各种调伏，是很难

太极拳与静坐

072

达到效果的。当然也有各种特殊的方法，以修道的立场来讲，最好的方法是减少饮食，肠胃空一点就很容易调伏。念头一空就回转了，回转来就变成身体最好的营养。

10. 女性月经期间，可不可以静坐？需要注意哪些事项？

答：对一般初学的人来讲，最好是休息几天。如果是学佛的人，走心地法门，念佛参禅，看空了身体的，那么，月经期间静坐，一点妨碍也没有，只有好处没有坏处。至于道家和其他做工夫——所谓练气血的，就要考虑一下，在这个时候故意锻炼气血，恐怕逆流反走，就形成气血不顺畅，反而变成病态；至于功夫好的人，就看她自己的经验了。只能说到这里，高深一层，以后再说。

11. 老年人（尤其更年期的人）静坐

是否有需注意的事项？

答：没有什么特别需要注意的。多注意心地法门，信佛教的最好念佛，信其他宗教的，也要以他的宗教信仰为主，这样静坐，只有好处没有坏处。

12. 为什么静坐后，有时会闻到檀香味？

答：这有两种情况，大部分是自己体内的变化。譬如说，静坐坐得好，效果达到脾胃净化，就会产生檀香味或其他香味；如果肝脏有了好的效果，就会产生一种清香的味道。本来人体内部是香的，都是自己心念不好，生理不健康，所以搞得很臭。另外一种情况是外力的加持，如佛菩萨感应所带来的檀香味，这是宗教上的现象。

13. 有心脏病、高血压、糖尿病等疾病的人，可不可以静坐？

答：当然可以静坐。不过，要走心地法门，注意思想念头，只管心念，好好养心，那只有好处没有坏处。如果想做各种功夫，就需要有专门内行的人指导。

14. 静坐坐得好，会一直拉肚子，不知道是什么原因？

答：对静坐坐得好的人来讲，拉肚子是好事，表示气脉走通了，在清理肠胃。我所知道的，有人甚至一天拉一二十次，最后像水泻一样，拉一次清爽一次，那是静坐的效果到了，没有什么问题。不过，不要将病态的腹泻当作好现象，那是不对的，病态就要用医药才好。

15. 静坐坐得好，会经常漏丹，不知道是什么原因？

答：漏丹原是道家的名称，后来佛家也通用这个"丹"字，就是普通所谓的"精"，漏丹就是遗精。真正的精不只包括两性的精虫卵子，还包括各种气的作用。遗精的途径很多，包括梦遗、醒着遗，性交中早泄、遗精、阳不举、阳痿，都是性荷尔蒙（内分泌），乃至整个身体荷尔蒙衰弱的毛病，所以丹也同全身荷尔蒙，包括脑下垂体荷尔蒙、甲状腺荷尔蒙、肾上腺荷尔蒙、性腺荷尔蒙等内分泌通通有关。丹漏了就是病态，不太好，最好静坐坐到不漏丹。不漏丹身体绝对健康，可是不论男女，几乎没有一个人能做到不漏丹。

道家的理论和现在生理学不同，精是气化的，这个气不是空气，也不是呼吸之气，而是元气，也就是生命能所变化出来产生的。想要炼精化气，使身体健康、长生不老，甚至成佛成仙，第一项条件就是戒淫，断除性行为。道家所谓"百日筑基"，起码一百天，将近四个月期间完全不漏丹，心理上还要完全不动淫欲之念，这个才是初基打好。不过，初基打好并不算成功，还要"十月怀胎"，等于一个女人，胎儿在肚子里要好好保养。百日筑基加上十月怀胎，是一年两个月，生理上要没有遗精或性行为的射精，心理上也要很平静，像婴儿一样没有淫欲。"十月怀胎"以后还要"三年哺乳"，这是比方的，要像婴儿生出来还要哺乳，至少三年，要这样不漏丹，这就是四年两个月了。然后等"婴儿"长大，这中间当然也不能漏精，如果漏掉了，"婴儿"就长不大。四年两个月以后是"九年面壁"，所以总共要十几年不漏丹。以后还要不要漏呢？问神仙去。总之，修成功了，起码也要十几年，所以不漏丹这个问题讲起来有那么严重。不漏丹是初步，一般人学打坐，据我所知，大部分的人不坐还好，越坐越漏，漏得厉害，甚至还故意去漏，那就免谈了。

16. 有时特别烦躁，无法静坐，怎么办？

答：那是心理问题，或是心脏、肝脏有毛病，都是身体内部有不健康的地方，就要注意。

17. 有时静坐会不想起来，也不想办事，怎么办？

答：那要看什么情形。有一种人是身体完全没有感觉，那是病态，要治疗。不过病态到这样的人比较少。普通静坐有一点点效果也会这样，这要能够自由做主才对，有心意能够坐得住才好，而且在静坐中发生心理生理的舒畅喜乐才是对的。

18. 瑜伽术、气功与静坐入定有没有关系？

答：都有好处。

19. 有口水来时怎么办？

答：缓缓咽下去。

20. 后脑有声音不停怎么办？

答：不要注意它，越注意越厉害，那是气向脑部走，头部气脉快要打通以前的现象。不理它，气自然就走通了，真正走通以后，还有更美妙的境界。

三　心理部分

1. 静坐时听到特别的声音（幻声）及看到一些光影幻象，怎么办？

答：这些都是心理作用所影响，也有一小部分是由生理内部变化所引起的。这要记住《金刚经》上的一句话，"若见诸相非相"，知道一切是幻境，不理它就好。这些幻声幻象并不是坏事，那是静坐进步当中的一种现象。如果当成有神通、有鬼神，就是迷幻成真，最好停止静坐。

2. 静坐时看到鬼怎么办？

答：也同前面的问题一样，一切都是自己下意识的幻想，就唯识的道理来讲，都是独影境或带质境。换句话说，都是下意识的精神状态，不是真实的。只要把道理搞清楚了，一点都用不着害怕。

3. 静坐时胡思乱想不已，怎么办？

答：那很难办。要走心地法门，那要多研究佛学啰！我也没办法帮助你，只能够叫你空。佛也只能说"住一切皆空"，怎么空？佛、神仙都没有办法帮你空。

4. 静坐时容易昏沉睡着，怎么办？

答：昏沉睡着有两种问题。一种是心理问题，心情沮丧、精神不好，会容易昏沉。一个是生理问题，身体、头脑不健康也有这种情形。最好是睡够了再起来静坐。

5. 静坐时觉得心灰意冷，人生无望，

想自杀，怎么办？

答：这个，佛都没有办法救你，要自己看空。至于说为了灰心去静坐，已经不对了。既然灰心，就不会静坐；既然静坐，又要灰心，那不晓得为了什么。这都是心理问题，必须自求解脱。不过，要想一想：自杀以后，到另外一个世界，那边使你更灰心怎么办？

6. 静坐中突然想笑，有时又想哭，不知为什么？

答：这是心理状况引起的，第六意识不能做主，就会跟着这个现象乱跑。少部分也是生理状况引起的。肺和心脏的气走动了，就会喜欢笑；肾脏同肝脏的气走动了，会有悲观流泪的现象。但大部分还是心理因素，这要检查自己的心理。

7. 静坐如何观想光明点？观想丹田可不可以？丹田的位置究竟在哪里？

答：这个问题已经超过静坐的范围，完全是密宗与道家所注重的问题，属于佛法修持和修道的范围。修道学佛的人，不一定要观想光明点，可以观想的很多，譬如佛像。现在道家错误的解释，肚脐下一寸三分叫下丹田。其实下丹田的位置依每个人的体型、手指长短而有不同。正确的量法是以每个人中指中间一截的背面为标准长度，从肚脐往下量这个长度，就可以找到下丹田。中丹田在膻中，上丹田在眉心、间脑这里。上丹田、中丹田、下丹田，道家叫作三个丹田，所以观想的时候，把这个光明点定在哪一个丹田，要看什么程度、什么时候。而且真正的明点不是观想出来的，而是修道学佛的人功夫到达某一境界，光明出现，那才是真正自性的明点。观想的明点不算是真的，而且不要摆在下丹田，尤其是女性，千万不要这样，否则对身体不好。这是学佛修道的专门问题，要专门研究。

8. 为什么数息数两下就忘了，观想佛也想不起来，白骨观也观不起来？做这些功夫有什么用？

答：那是学佛的专门问题，至于为什么做不起来？因为心念不能止，不能专一。学佛能够训练到心念专一，也不昏沉，也不散乱，这是已经有了相当基础，谈何容易啊！至于说做这些功夫有什么用？这太专门了，各有专书，不能笼统地讲。

9. 学习静坐的人在日常生活、办公时，应如何练习定力？

答：那就要看你的定力了。定力同静坐可以说有关联，也可以说没有关联。有定力的人，就算不学静坐，也可以日理万机，事情虽然多，头脑还是很冷静，心情也很平静。至于说，静坐坐得好，练出定力，用来做事，那要相当的功夫了。怎么样去练习？方法太多了，要实际去做，不是空谈理论的事。

10. 为什么静坐后，亲情、友情、手足之情、男女之情反而更觉浓厚、更难割舍？该如何排遣？

答：这是智慧问题，不是静坐的问题。不过因静坐，头脑清楚了，自己发现情重，并不是静坐使你多情。这是心理同生理状态，由形而下到形而上，要先研究佛学再讲。

11. 静坐有了某种定力，可以把他人、世界和事件分隔开来，与我自己的内在漠不相关，得到一种逃开的宁静。可不可以用这种方法？用坏了会不会精神分裂？

答：大体上这是很好的事情，不会有

精神分裂的问题。但是细微思想很多的话，就等于双重精神状态了，那要注意。

12. 什么是健康的心理状态？

答：这个很难讲了，正常的人心理状态就是健康的（一笑）。怎么叫正常人，很难下定论。以佛眼看来，这个世界，便是病态的变相，人生，也多是变态的。

13. 如何克服恐惧感？

答：这要道理上看通了。有宗教信仰的人可以念经、念咒，实际上这还不是究竟，究竟是要道理看通，检查自己的心理，为什么恐惧。

14. 脾气大、嗔心重怎么办？

答：这也要道理搞清楚，检查自己的心理状态。这个不是静坐可以解决的。

15. 怕死怎么办？

答：最好死了以后再研究。（大笑）

四　修行部分

1. 如何炼化精气神？

答：方法太多了。所有的佛经、道家的书籍和印度瑜伽术都在这个问题上转，这个问题太大了，大哉问。

2. 何谓奇经八脉？

答：普通的经脉属于神经系统、血管系统，奇经不是属于血管系统，也不是普通的神经，是另辟一路的，有八个脉，就是八条气化之路。奇经八脉不完全属于肉体生理的部分，而是生理跟神经结合的部分。

3. 在睡眠中怎么用功？

答：既然睡眠，就不会用功了。既然用功，就不会睡眠了。

4. 入定与睡眠有何不同？

答：这两个名称就不同。入定有各种定境，各种现象。定这个字很简单，一个念头，等于一个珠子一样，把它定住在那里，永远是这颗珠子，那个叫入定。珠子不只一颗，还有各种各样的东西，所以定有各种各样的境界。千万注意，不要把静坐当作入定，那就错了。静坐是初步练习，将来功夫高了，可以因静坐或学佛修道，进入你要的境界，那个叫入定。睡眠是大昏沉，当然不是静坐的定境。

5. 静坐如何入定？入定后应如何？

答：静坐是静坐，入定是入定。入定

是佛家、道家专有名称，看你要修哪一禅定，百千法门，各有不同。"定"字本身的意义就是把一个东西定住，念头像一颗钉子钉住，像一颗珠子放在那里，珠子是活动的，把它定住，摆在一个中心点，专一不动。钉子、珠子都是作比喻，比喻有百千三昧，三昧是梵文翻译，是百千种方法，使你达到"定"的境界。定是心定，身体跟着定，气脉也跟着定了，这个叫"定"。入定的方法有很多种，所以佛教的念佛参禅，其他宗教专一的做礼拜、祷告，没有杂念妄想，定到一个念头上，乃至道家做各种功夫，密宗的各种观想，都是入定的方法。但是定了就是悟道了吗？不是。定跟悟道大有差别，静坐得定是一般宗教、哲学共有的功夫，所以叫作"共法"；证得菩提、大彻大悟、悟道成佛，那个大智慧的解脱——"般若"，是不共法，佛法的真正中心就是智慧的解脱。我们普通学静坐同入定还没有关系，坐个几天几夜都不动，只能说静坐坐得好，是不是达到入定的境界是另一个问题；而且达到入定的境界，同是不是悟道、智慧解脱了没有，又是另一个问题，不能混为一谈。

6. 三际托空以后该如何？

答：三际托空是佛学禅学的名称，太专门了，超出静坐的范围。那是把心分作三段处理，前一个念头让它过去，后面的念头未来，中间的这个念头当下就空灵了，这个叫三际托空，并不是佛法的究竟，而是最初步的空念头的练习。实际上，中间这个念头的空灵还是意识境界的空灵，这里头还要起慧观，就是智慧的观察。所谓一切方法，皆如梦如幻，这是假观；一切方法即假即有，这是幻观，也是假观。然后一切方法的本体即有即空，即幻即空，这是空观，还属于三际的前后两头；然后非空非有，即空即有，自性本来能生万法，亦能空万法，这就进入中观；中观以后，中字还要舍掉，即是达到毕竟空，空还要毕竟舍掉，这些都属于佛学的范围。

7. 什么是出阴神、出阳神？跟化身、意生身有何关系？

答：出阴神、出阳神是道家的观念；其实懂了唯识的道理，有时阴神、阳神还是属于独影意识的境界。拿道家来讲，普通能够出神，都属于独影意识的境界，都是阴神；真正出阳神，那要到达即身成佛境界，第八阿赖耶识整个转了。这种独影意识跟化身、意生身当然有关系，修成功了，独影意识也变成化身，意识也可以化身去了。修不成功啊，一切都是幻想、魔境，这个也是学佛修道专门的问题。

8. 坐中见佛、梦中见佛与实相见佛有何不同？

答：静坐中见佛、睡梦中见佛、实相见佛当然不同啊，这个问题本身已经是答案，不要问我了。

9. 静坐时看到影相，有先知的能力，但时真时假怎么办？如何鉴别？

答：静坐有时有先知，小事蛮灵，大事反而不灵，都是第六意识、独影意识境界。至于说灵不灵、对不对，这些问题是专门的，慢慢去参究，暂时不告诉你。如果把这个当成神通，认为很灵，久了以后就进入神通二号——神经境界，要特别小心。

10. 开悟与静坐有何关系？是否要开悟非静坐不可？

答：开悟和静坐可以说有关系，也可

以说没有多大关系。真正的开悟不一定要静坐，但是如果为了开悟而学静坐，这也是应该。

11. 什么是"三花聚顶、五气朝元"？

答：三花是"精、气、神"，气脉到头顶上通开了就是"三花聚顶"。五气就是金、木、水、火、土，也就是代表肺、肝、肾、心、脾，这些内脏都绝对健康了叫作"五气朝元"，这两句话合起来的意思就是奇经八脉、气脉都通了。

12. 如何鉴定一个人有道无道？

答：这个很难讲，这个问题不答。有道的人一定慈悲喜舍、戒定慧俱足，很明显的。

13. 悟道有什么用？悟后又如何？

答：悟了道以后好吃饭、好睡觉。（大笑）

14. 天眼通、天耳通、神足通、宿命

通、他心通如何修炼？程度差别如何？

答：其实人都通的嘛。吃了饭会拉屎、耳朵听得到、眼睛看得见，这都通啊。至于说那些神通，有专门的修法，自性本来具备神通，要大彻大悟以后，那又属于佛法范围，以后专门再讲。

15. 有了神通可不可以表演？

答：有神通的人都不表演，表演的叫魔术。

16. 悟道的人是否一定具足神通？

答：那有两种情形。有些人悟道了，不要神通。有些人悟道了，有神通。至于一般人想学道、修神通的，已经是不通，表演神通更是魔道，那叫作耍魔术。

17. 报化身成就，是否非双修不可？

答：不一定，不应作如此说。这是佛法专门的问题，不在此讨论。

18. 禅宗三关在功夫境界上怎么讲？

在菩萨果位上如何说？

答：这些在《禅海蠡测》中都有，这里不谈。

附　录

老顽童的话

韩振声

前曾听过南师怀瑾讲《道德经》，经一年有余，对于佛道的理论，稍有印象。突于去年（一九七一年）十二月二十八日偶访南师，承蒙厚爱，嘱于本年元月一日来此打七。届时来此，毅然决定七天未离会门。每日上下午各静坐四次，行香四次。每晚小参，由南师指定同学们各诉心得或感想，有三至四时。同学们计有三十五位，美国人有白先生、沙邦欣，态度诚恳，意志专一，令人起敬！有西藏德吉女士，三十岁左右，由大陆来，经过种种艰难困苦，真是死中求生，故此，曾叫她为活菩萨，是因其喜笑颜开，活泼可爱。嗣经南师讲到佛中苦况，她就放声大哭，经师指责其应肃静，她就默然无闻，俨然到入定状态，如此又叫她为定菩萨。盖此，非开玩笑，实因其真情流露，吾以为离佛不远矣。尚有明仪法师、许崇禹、王征士、钟德华、刘修如、刘大镛、张东生、叶士强诸位先生，听其报告，悉为修养有素，得道之士，令人望尘莫及，以上是感触中一般情形。再就理论和静坐实况略述之：

（一）理论的：南师所讲以佛理为宗，配合以道、儒两家取证，三家说法虽然不同，而其真理则一。第一天开始即指明"心地法门""克期取证"，前者就是研究人生之究竟，当时命题曰："我是谁?"
"谁是我?"七天之内虽有千言万语，公案
层出，无非都是研究"这个"。后者就是
拿出佛、道、儒三家之经典取证，再举出
人之日常生活终不能离乎"这个"。然我
如笨牛，仍然不能明白"这个"。但绝不
灰心，今年不成，再待来年，以至若干
年，虽释迦牟尼之圣佛，尚经六年苦行，
十二年苦修，始可成佛，如我之心乱如
麻，不脱凡俗，岂能一二年之有成乎?

（二）次言静坐，余学静坐将近两年，
每天一次不过半小时，并无什么进步。在
此七天之内，每天有八个半小时，除腿仍
感麻木外，其他似已感觉不一样。有时觉
得热气周流，有时感冷风护身，这种情况
不知是进步呢? 还是退步呢? 师说如此是
进步。故回家后仍照旧静坐，但每天仅有
三个半小时。

初到时根本不知打七是什么。每逢行香，师必打香板数次，打板时众皆站立，即开始讲道，讲毕再打一下，又开始行香，十余分或二十分，就上去静坐。如此一连七天，听到的很多，懂得的很少，悟的更少。最后两天，师就指明"我即是佛"一语，忽悟到就是答复"我是谁"的结论，"我即是佛"，已无疑义。但"我"有"真我""假我"之别，"真我"是一点灵明，在父母未生我以前，本来具有。至生来以后在婴儿时灵明尚多，逐年长大灵明渐失，愈长大则欲望愈多，智识愈高，而灵明愈为尘埃蒙蔽，就等于真我丧失。然欲恢复本来面目之"真我"，非加修持不可。此七天之打七，就是修持之道，所谓"禅定"是也。"禅"者消灭妄念也，"定"者意念专一也。譬如释迦牟尼身为太子，不愿继承王位，应该娶妻纳妾，享受荣华富贵，但他俱不乐为，一心要出家，苦行六年，以至于十二年，受了种种折磨困苦，终至成了佛祖，此非具有道根慧根，曷克臻此。至于五官俱全之我，看形相虽是我，实是假我，因灵明没有，不知何时臭皮囊一丢，就归于"空"了，此即佛经上"色"即是"空"，"空"即是"色"之原理也。此理是真理，永恒存在；又名天理，是自然生成，无论何时何地俱可适用，均为佛、道、儒三家之所共同主张，惟说法稍异耳。"真人即是佛"，固然可质疑，然如何始能做到"真人"乎？佛法有"戒定慧"之修持，道家有"虚极静笃"之素养，儒家有"仁诚公"之教条，而均以"心性"为基础。佛曰"明心见性"，道曰"修心炼性"，儒曰"存心养性"，此心性之研究，即属心地法门之课程。

七天内举证甚多，解释甚详，不曰跳下山崖，即曰放入大海，或断臂指，或拧鼻子，或打掌踢脚，均可悟道成佛，而皆是在本来心地上追求，并不是向外处寻觅。所谓"直指人心，见性成佛"。又曰"道不远人，远人非道""道者不可须臾离也，可离非道也"。人之所以为人，就在有无"道在人心"。"人心有道"，是本来具有，但因欲望日多，就变成私的人心，所谓"人心惟危"，危险下去，焉能成佛？"人心"减少，自能恢复本来的"道心"，"道心惟微"，虽微而离佛不远矣。人生有三大关，一生死关、二名利关、三美人关。此三关确实不易渡过，佛法列入戒条，名为三戒，即贪、嗔、痴。贪为三关之戒条，嗔为争气好胜之戒条，痴者，妄自尊大，如有一技之长，或智识丰富，即以为了不起，此即先入为主之成见，适为满招损之结果，佛家名为知识障碍，不惟招损，且碍成佛，此尤为戒条中之重要者也。墨子摩顶放踵——兼爱，能成佛；杨朱拔一毛利天下而不为，亦可成佛，因其有真性，果能修持，自可成佛。所畏者，既自私，又损人，利己而损人，是强盗，尚不失人类，若再加以作伪骗人，那就成为魔鬼，魔非人类，自难成佛。尝闻道家成仙，通称为"真人"，自然"灵光独耀，迥脱根尘"；佛称为"真如"，或"如来"。如来，就是不失其本来，本来就是真性仍存，此两称呼，乃为得道成佛所宜有也。